Achim Amme

Wer ist schon gut
zu sich selbst

… unter anderem Gedichte

mit Bildern
von
Johan Tobias Sergel

Kunstdruck Bartels

LIBRICON 30
Eine Sammlung literarischer Texte
Herausgegeben von Elke und Bert Schlender

3. verbesserte Auflage 1992
Alle Rechte vorbehalten
Copyright 1982 (c) bei Verlag Bert Schlender
Copyright 1992 (c) bei Achim Amme
Layout: Bert Schlender / Jürgen Ebeling
Gesamtherstellung: Rudolf Walter, Göttingen
Kunstdruck Bartels, Fahrt 4
3403 Friedland 5
ISBN 3-924216-18-5

Wohin

Pan

Von allen Göttern allen
Bist du der liebste mir.
Du suchst nicht zu gefallen
Und das gefällt an dir.

Du brauchst kein Gotteshaus
Und keine Litanei.
Du lebst dich selber aus:
Du bist so frei.

Dich lockt kein Nagelbrett
Kein seliges Nirwana,
Kein Buddha, satt und fett
Kein jauchzendes Hosiannah.

Dich reißt kein Muezzin
Aus deinem Mittagsschlaf.
Du magst nur niederknien
Bei irdischem Bedarf.

Dich reizt kein maßlos' Fasten
Kein heil'ges Kriegsgeschrei.
Geht was zu deinen Lasten
Bist du, Pan, nicht dabei.

Du brauchst kein Buch der Bücher
Auch keine Mao-Bibel.
Du lebst wie alle Viecher
Von Sonne, Luft und Liebe.

Wär's nicht der Menschen wegen
Die unsern Stern versaun,
Du brauchtest nicht zu überlegen
Abzuhaun.

Falsche Bewegung

1
Ich gehe
  Nirgendwohin. Wenn ich
    Müde werde, kann ich mich fallen lassen
Und schlafen.
  Tiere schlafen
    Im Regen, warum nicht auch
Der Mensch.
  Wenn ich ein Tier
    Werden könnte, käme ich
Wohin.

2
Was wäre
  Die Erde ohne Straßen.
    Die erste Straße war eine große
Leistung.
  Richtung, Orientierung
    Verbindung. Dann zwei, drei
Straßen.
  Dann Millionen Straßen ...
    Ein Spinngewebe und in seiner Mitte
Der Mensch
  Der große Schöpfer
    Gefangen wie eine ahnungslose
Fliege.

Verloren und verlogen

1
Die Straßen führen nirgends hin
Erfahrung führt uns in die Sümpfe.
Wir wechseln unsre Meinung
Oft schneller als die Strümpfe.

2
Wir sind nicht töricht, sind nicht weise
Einzig unsre Wörter sind's:
Die Metzger wetzen ihre Messer
Im Traum des neugebor'nen Kind's.

3
Verräter gibt es keine mehr.
Unser Schweigen hat uns längst verraten.
Wir wissen endlich wer wir sind:
Abrufbare Daten!

4
Und wir gedenken nicht mit Nachsicht
Unsrer Vorgebor'nen.
Zu dringend wird sie noch benötigt
Für uns: die wahrhaft Verlor'nen!

5
Verloren und verlogen
So stehn wir vor Gericht.
Was von beiden schwerer wiegt?
Wir wissen's besser nicht.

Der Spitzel

Ich habe mich in alle Häuser eingeschlichen
Habe alle Reden belauscht
Alle Schreie gehört
Alle Blicke gesehen
Und ich habe nichts erfahren.

Ich habe alle Briefe geöffnet
Alle Papierkörbe geleert
Alle Ecken durchstöbert
Und ich habe nichts gefunden.

Ich wurde gefragt, ob ich schuldig sei.
,,Nein, leider!'' antwortete ich.

Sorglos in den Tag hinein

1

Die einen wollen, daß es allen gut geht.
Den andern geht's schon gut, mein Herr.
Die einen schaun drauf, wo ihnen der Hut steht.
Die andern wissen's längst nicht mehr.
Mein Herr, ich weiß,
da hilft kein Jammern und kein Schrein:
Ich lebe sorglos in den Tag hinein!

2

Ich stehe morgens auf mit allen Leuten.
Nachts liege ich wie sie im Bett.
Mich freun die Dinge, die mich immer schon freuten.
Und zu den Nachbarn bin ich nett.
Mein Herr, ich kann mich auch an kleinen Dingen freun:
Ich lebe sorglos in den Tag hinein!

3a

Ich seh TV. Ich les die Tageszeitung.
Ich geh ins Fußballstadion.
Das Denken überlaß ich der Betriebsleitung.
Kassier am Monatsanfang meinen Lohn.
Mein Herr, Sie werden meine Haltung mir verzeihn:
Ich lebe sorglos in den Tag hinein!

3b
Ich kaufe Essen ein im Supermarkt.
Ich halt die Wohnung gut in Schuß.
Mein Mann steht immer kurz vorm Herzinfarkt
Wenn er das Haushaltsgeld erhöhen muß.
Mein Herr, ich mache Ihnen keine Schererein:
Ich lebe sorglos in den Tag hinein!

4
Ich denke manchmal, daß es mir zu gut geht.
Es gibt viel Elend auf der Welt.
Und manchmal denk ich, daß mir auch der Mut fehlt
Zu sagen, was mir nicht gefällt.
Doch keine Angst, mein Herr, ich laß das Denken sein:
Ich lebe sorglos in den Tag hinein!

Frohe Botschaft

1

Keine Nachricht. Kein Lebenszeichen.
Kein Anruf, kein Brief, kein nichts.
Keine Rechnung zu begleichen.
Kein Zeichen des Verzichts.

2

Kein Feuer. Keine Rauchsignale.
Keine Trommeln in der Nacht.
Keine Narben. Keine Muttermale.
Kein Hinweis, kein Verdacht.

3

Kein Pfeil. Kein Pfahl im Fleische.
Kein Auge ausgerissen.
Kein Heulen. Kein Gekreische.
Kein Mensch. Von nichts was wissen.

4

Kein Rätsel. Keine Geheimschrift.
Kein Spiegel. Keine Magie.
Kein Orakel, das immer eintrifft.
Kein Trick. Keine Telephatie.

5

Kein Gruß von der Hure Babel.
Keine Botschaft. Kein Telegramm.
Kein Kuß. Kein Zettel im Schnabel.
Keine Tulpen aus Amsterdam.

6

Kein Funkspruch von fremden Sternen.
Keine Flaschenpost aus dem All.
Keine Weisung, sich unauffällig zu entfernen.
Kein kosmischer Überfall.

Sonette

Verdammt zur Dichtung

An Dante cantabile

Ich hab in Büchern beinah nichts gefunden
Was sich auf Dauer lohnte zu bewahren.
Die Dichter haben sich umsonst geschunden:
Sie soll'n getrost zur Hölle fahren!

Die meisten schmoren schon im Fegefeuer
Vergeblichen Bemüh'ns. Eh' sie's bedacht
Gebar'n sie tugendsame Ungeheuer:
Keins, das nicht dem Teufel Ehre macht!

Wie kommt's, möcht' ich zum eignen Vorteil wissen
Daß ich mich zu der üblen Meute dränge?
Die Dichter haben bei mir längst verschissen
Und trotzdem dichte ich und sing Gesänge!

Ich glaub, ich bin verflucht, verdammt zur Dichtung,
Folg lediglich der vorgeschrieb'nen Richtung!

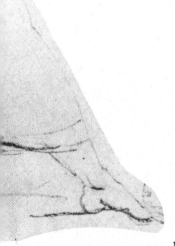

Der alte Adam

Was ich an Unterwürfigkeit gelernt
Hab ich mir vorgenommen zu verlernen.
Weiß ich auch, wer sich von sich selbst entfernt
Der fliegt oft weiter, als zu fremden Sternen.

Es bleibt ein Traum. Schon kehre ich zurück
Wovor ich eben noch geflohen bin.
Und was mich schwach macht, nenn ich Glück
Und was mich stärkt, Verlust, anstatt Gewinn.

Ich bleibe der, der ich schon immer war
Nur die Fassaden wechseln ab und an.
Dem alten Adam krümme ich kein Haar
Damit er noch recht lange leben kann.

Inzwischen bin ich, jedem untertan
Selbstvergessen bis zum Größenwahn.

Das alte Schwein

Ich wollte vornehm wie die Großen scheinen
Voll Anmut und erhabener Bewegung.
Und mutig schritt ich aus. Es war zum Weinen!
Mein Gang verriet nur kindliche Erregung.

Man amüsierte sich, verkniff ein Lachen
Bis ich begriff: mein Name ist nichts wert.
Mit seiner Herkunft war kein Staat zu machen
Auch finanziell hat er sich schlecht bewährt.

Und folglich änderte ich meinen Namen.
So wie ich einstmals hieß, hieß ich nicht mehr.
Und wem's gefiel, spielt' ich den Tugendsamen
Und wenn's verlangt ward, lästerte ich sehr.

Einst war ich unbekannt und keusch und rein
Nun bin ich, umbenannt, das alte Schwein.

Glück

Dein größtes Unglück, sagst du, sei dein Glück
Weil dir die Worte fehl'n, es zu beschreiben.
Du trägst's mit Fassung, hältst dein Glück zurück
Aus Furcht, das Worte dir dein Glück vertreiben.

Den Zustand, der dich plagt, dein Glücksempfinden
Hat mancher Dichter glücklich ausgedrückt.
Dein Glücksgefühl muß neue Wege finden
Weil Gleiches dich auf andre Art beglückt.

Bedauerst du, daß du kein Dichter bist?
Du brauchst dein Glück doch nicht in Verse kleiden!
Trag das Gewand, das dir gegeben ist:
Nenn's Unglück oder Glück, man wird's dir neiden.

Und wirfst du glücklich alle Hüllen weg
Erfüllt dein Glück noch sichtlich seinen Zweck.

Fülle der Gefühle

Die Fülle der Gefühle kann uns quälen
Und unser Innerstes in Aufruhr setzen.
Wenn sich Gefühle nicht die richt'gen Worte wählen
Genügt ein Wort, sie zu verletzen.

Wo Überfülle war, da herrscht dann Mangel
Was den Gefühlen fehlt, ersetzt kein Wort.
Verluste stell'n sich ein und mitten im Gerangel:
Harmonie als letzter Zufluchtsort!

Und ein Gefühl der Leere lähmt uns endlich
Das auch den letzten Rest Vernunft vertreibt.
Und wir benehmen uns ganz unverschämt und schändlich
Weil nichts vom alten Reichtum bleibt.

Wo einst Gefühle war'n, stinkt's nach Verwesung:
Von Totengräbern wünschen wir Genesung.

Michelangelo oder Requiem auf ein großes Individuum

Groß warst du nur in deinem Scheitern, riesig
Gemessen an der Undurchführbarkeit.
Ach, wenig ist's, was, Michel, von den Plänen
Blieb. Viele nannten dich, o Angelo,

Einst göttlich. Heut bist du's nur jenem Haufen
Der nicht begreift, daß deine Göttlichkeit
Ganz menschlich war, behaftet mit dem Makel
Des Scheiterns. Ansonsten warst du früh verurteilt,

Du selber sprachst den Richterspruch, zu tun
Was keiner außer dir verstand. Und so
Entferntest du dich von den Menschen, wie
Von dir. Was du dafür erhieltst war fürstlich.

Wen kümmert's, daß der Lohn nicht schmecken wollte?
Du hast geschluckt und nicht mehr ausgespien!

Fürstliche Unterweisung

In fetter Erde, darin Würmer nagen
Richt ich die Grube, die dich schweigend frißt.
Da kannst du deine alten Regeln sagen
Dich zugesell'n dem was du bist: ein Haufen Mist!

Du Knochen, halb vermodert, toter Stein!
Du preßt mir keine Träne ab. Ins Grab
Mit dir, zu Kot, du klappriges Gebein
Wo Fäulnis und Gekreuch sich an dir lab'.

Doch ach, dein morscher Leib enttäuscht nach Kräften.
Die Würmer selbst verachten solch' Geschmeiß.
Kein Festfraß widersteht Verdauungssäften
Dein Ratschlag ist's, wie ich aus sich'rer Quelle weiß.

Du hatt'st die Stirn, die blinde Brut zu unterweisen
Wie sich dein Leichnam fürstlich ließ verspeisen.

Lebenszeichen

Lebenszeichen

Protestantisch, wohlerzogen
Mit dem Blick für's Höh're
Wuchs ich auf, also verlogen-
er als 'ne Großstadtgöre.

Hab mir nichts gedacht dabei
Kannte ja nur meinesgleichen.
Die Gedichte, die ich schrei-
be: dürft'ge Lebenszeichen.

Provinziell, in saubren Reimen
Findet selbst der Dreck sein' Platz.
Zwischen Pferdeäpfeln, keimen-
dem Unrat stirbt ein Spatz.

Spatzenhirn und Rabenfresse:
Bis zum Hals wühl ich im Kot.
Fühl mich beinah schon vergesse-
ner als der liebe Gott.

Eingesperrt

1 Statt ins Leben mich zu tauchen
Bin ich fast erstickt an Büchern
Hab in auserles'nen Jauchen
Mich gesuhlt: ein Vieh bei Viechern.

2 Aber ach, hier spricht der Neid
Und der unverblümte Haß
Dessen, dem vor langer Zeit
Schon verwehrt ward der Parnaß.

3 Tief versenkt in mein Geheimnis
Schuftet's hinter meiner Stirn.
Förder nichts zutag als Schleim, nies
Mir die Seele aus dem Hirn.

4 Schick mich selber in die Fremde
Hüll in Schweigen mich und Trotz
Und auf meinem besten Hemde
Sammelt sich vom Zorn der Rotz.

5 Albern, was ich Arbeit nenne:
Nichts als Parasitentum!
Ich, der ich mich halbwegs kenne
Weiß vor Abscheu nicht, was tun.

6 Lächerlich, sich zu verkriechen
Jedes Schlupfloch ist verstopft!
Faulheit ist's, ich kann sie riechen
Die aus meiner Nase tropft.

Eingesperrt so zwischen Himmel
Und der fürchterlichen Erde
Hoff ich, daß ich keinen Schimmel
Ansetz, vor ich menschlich werde.

Kaspar Hauser

(Hommage an Verlaine)

I

Ich kam zur Welt, voll Schorf und Grind
Kein Mensch hatt' je nach mir verlangt.
Von Anfang an war ich ein Kind
Das gründlich um sein Leben bangt.

Die Menschen war'n nicht gut zu mir
Sie sah'n mich nur verwundert an,
So etwa wie ein selt'nes Tier
Das man vor einen Karren spann.

Ich kannte weder Gott noch Teufel
Ich war so dumm, ihr glaubt es kaum.
Schon früh behäuft mit Spott und Zweifel
Blieb mir die Welt ein böser Traum.

Nun steh ich hier. Noch ungeklärt
Ist mir mein Leben, noch nicht faßbar.
O Hoffnung, hast mich schlecht genährt:
Verzweifelt bin ich, armer Kaspar.

II

Ein großer, schwarzer Schatten
Legt sich auf meine Brust:
Schlaf ein, du, meine Hoffnung
Schlaf ein, du, meine Lust!

Ich lieg schon tief im Schatten
Such Trost in fernem Lichte:
Jenseits von Gut und Böse
Von Jenseits und Geschichte!

Ich bin nur noch ein Schatten
Der sich ins Licht verkroch
Ein Schatten meiner selbst:
Schweig still, mein Herz!

III

Auf off'ner Bühne taumelt träge
Ein junger Mensch. Ganz stumm.
Von links nach rechts. Auf halben Wege
Bleibt er stehn. Dreht sich zum Publikum.

Er zieht den Hut. Streckt bittend seine Hand aus.
Dann tritt er zögernd ab. Kein Wort.
Das Publikum sieht höchst gespannt aus:
Zehntausend Bücher schleppt er mit sich fort.

Zehntausend Bücher und Broschüren
Zieht er an einer Leine stapelweis
Ins Rampenlicht. Die Leute applaudieren
Als er sich schon in den Kulissen weiß.

Auf Zetteln und Plakaten steht nichts außer
Seinem Namen: Kaspar Hauser.

Kleinbürger's Weltuntergang

Die Sintflut beginnt mit der Zeitung, die ausbleibt.
Das Fernsehbild wackelt: der Weltuntergang.
Der Bus hat fünf Minuten Verspätung.
Die Apokalypse: ein leerer Tank.

Der Sonntagsspaziergang endet im Regen:
Ein Zeichen allmählichen Verfall's.
Der Abfluß verstopft. Ein Kind, das ins Bett näßt:
Dir steht das Wasser bis zum Hals.

Die Menschheit rüstet sich zu Tode.
Doch was ist's, was das Faß zum Überlaufen bringt?
Eine klemmende Kommode.
Ein Auto, das nicht anspringt.

Die Milch brennt an. Das Stuhlbein bricht.
Die Wäscheleine reißt.
Der Wasserhahn tropft und kein Klempner in Sicht.
Sag, spürst du es nicht?

Die Kugelschreibermine streikt.
Im Kühlschrank kein Bier: o Katastrophe!
Die Post hat geschlossen und keine Briefmarke im Haus.
Jetzt spürst es auch du: der Ofen ist aus.

Dichter's Abstieg

Nicht gebettet grad auf Rosen
  Wärn ihm ohnehin zu dornig
    Liebt der Dichter flüchtige Posen:
      Heiter heute, morgen zornig.

Hofft, er hält so die Balance
  Zwischen Anmut und Geplärr
    Und gerät schon mal in Trance
      Wenigstens so ungefähr.

Nie fehlts ihm an Mut zu sagen
  Was ihn innerlich bewegt
    Und er richtet seinen Kragen —
      Jeder Handgriff überlegt.

Noch ein letzter Blick in'n Spiegel.
  Eitelkeit? Nimmt er in Kauf.
    Und ich geb euch Brief und Siegel
      Bald taucht er im Fernsehn auf.

Zwar: er weiß es selbst noch nicht
  Daß ihm Lob und Beifall blühen
    Doch ihm steht schon im Gesicht
      Der Erfolg für sein Bemühen.

Auf der Stirne strenge Falten
  In die Ferne schweift sein Blick.
    Mag sein Herz dabei erkalten
      Kinder, gönnt ihm doch sein Glück!

Er hat schwer dafür gelitten
  Wie ihr seht, er leidet noch.
    Teilte Tritte aus, kein Bitten
      Half, als er zu Kreuze kroch.

Jeder Vorsatz ging da flöten:
  Alles für das Publikum!
    Ja, Gefühle heißts zu töten
      Für den Abstieg in den Ruhm.

Gesang vom gestrandeten Schiff

Im Hafen gestrandet. Bei ruhiger See
Den müßigen Bauch aufgeschlitzt.
Und wie ich das Heck auch wende und dreh
Der Bug ist's, der auf Grund sitzt.

Ich hab' afrikanische Hölzer geladen.
Die dienen jetzt als Fraß
Den Maden, die im Schiffsraum baden
Im stinkenden, faulen Naß.

Die Scheuerleute stehn am Kai
Und schaun gelassen zu
Wie ich ächze und stöhne und feixen dabei
Und einer schnürt sich gelangweilt den Schuh.

Die Fische, die tot durch den Schiffsrumpf schwimmen
Sind alle verseucht und vergiftet.
Jedoch der Grund für mein Magengrimmen:
Ein Teil von mir ist weggedriftet.

Ich kann zwar nicht sagen, exakt welcher Teil
Das Reißen spür ich genau.
Es fehlt ein Stück vom einst so heil-
en, massigen Unterbau.

Und nachts, wenn der bärtige Klabautermann
Vor Wut ins Logbuch beißt
Dann träum ich vom Stillen Ozean
Der ohne mich verwaist.

Ich bild mir ein, er warte nur
Auf meinen schnittigen Kiel,
Und stäch ich in See, und ging ich auf Tour
Auch gänzlich ohne Ziel.

Stattdessen verrott ich so vor mich hin
Von übler Laune geschlachtet,
Als hätt' mein Dasein jetzt einen Sinn
Von niemand je beachtet.

Und während ich mich gähnend frag
Wer wohl auf morschen Planken tanzt
Seh ich, was ich nicht sehen mag:
Den Trümmerleib völlig verwanzt.

Und Würmer kriechen an mir hoch
Und Fliegen schwirr'n um mich.
Kurz: Ungeziefer noch und noch
Befällt mich. Widerlich!

Ich komm mir vor, wie faules Aas
Das nach Verwesung stinkt
Und dabei, o Wunder, ohne Unterlaß
Lauthals Choräle singt.

Wohl pfeift durch den geborst'nen Rumpf
Der Wind wie Orgeltöne,
Erinnert sich im Innern dumpf
An eine dunkle Schöne?!

Doch was mach ich, was fang ich an
Mit der Erinnerung?
Dazu kreisen Möwen momentan
Um mich, lassen ihren Dung.

Ich kann mich nicht dagegen wehren
Starr wie gebannt nach oben.
Mag was von da kommt nicht verehren
Ich kann den Dreck nicht loben.

Verlier auch jeden Sinn für Zeit:
War's gestern, daß ich Schiffbruch erlitt?
Vor hundert Jahren? Morgen? Heut?
Und wieviel Matrosen riß ich mit?

Mag nicht dran denken, nichts mehr wissen
Der Kompaß ist zersprungen.
Mag auch die Fahne nicht mehr hissen
Im Vogelkot versunken.

Die Strömung trieb mich an den Strand.
Hier lieg ich: der Leib zerschellt
Der Mast zerspellt. An der Bordwand stand
Ein Name, der langsam verfällt.

Ein Wrack, um das sich kaum ein Mensch kümmert
Verkomm ich allmählich, kieloben,
Ein Wrack, durch das, wenn das Abendrot schimmert
Im Spiel ein paar Kinder toben.

Halb lieg ich noch im Hafenbecken
Halb zwischen vermoderten Dosen.
Mir ist, als hört' ich aus Muscheln und Schnecken
Den fernen Ozean tosen.

Im Herbst ging ich auf große Fahrt
Im Mai lief ab meine Frist.
Der Winter war für mich zu hart
Den Sommer hab ich vermißt.

Ich hätt' noch gern so manche Tour
Gewagt auf weiten Meeren.
Lieg fest an rostiger Ankerschnur
Hab Grund, mich zu beschweren.

Doch wer erhört schon meine Klage?
Der Wind brüllt sie ja nieder!
Die Flut? Daß sie mich weitertrage
Lös ich für sie meine Glieder.

Das nenn ich Hochmut! So als ob
Mein Wunsch noch zu Taten taugte
Verschweige ich zum eignen Lob:
Sie wars' die an mir saugte.

Ein letzter Rest blieb ihr verwehrt
Der Flut mit Locken kraus.
Die Kinder trugen manches versehrt
Jedoch beglückt nach Haus.

Nun schau ich hin zum Horizont
So weit mein brechendes Auge reicht
Ob nicht ein Schiff bei der Sonne wohnt
Ein Schiff, das mir nicht gleicht.

Winterblumen

1
Der Winter kriecht uns ins Gebein
Er zehrt an unsern jungen Jahren.
Wir möchten gern wer andrer sein
Und ahnen, daß wir's einmal waren.

2
Wir geben nie die Hoffnung auf.
Ja, das ist unser größtes Laster:
Verzweiflung nehmen wir in Kauf
Für etwas Strand unter'm eisigen Pflaster.

3
Da liegen Steine, schwarz wie Rauch
Mit Reif darauf, verkohltes Holz.
Die schmückten einst den dicken Bauch
Von einem Schneemann, vor er schmolz.

4
Das ist schon lange her. Der Winter
Hat von dem Schock sich gut erholt.
Es kriegen auch die kleinen Kinder
Ihr Ärschlein so wie früher versohlt.

5
Wir kochen unser eignes Süppchen
Auf viel zu schmalem Rost.
Ziehn uns zurück ins warme Stübchen
Vermehr'n nur Bitterkeit und Frost.

6

Eiszapfen falln uns aus dem Maul wie Zähne
Ideen erstarren: Schneekristalle.
Im Auge glänzt, weiß, eine Träne
Wie'n Stückchen tiefgefror'ner Qualle.

7

Der Winter hat uns fest im Griff
Nur für Sekunden läßt er noch los.
Dann träumen wir von einem Schiff
Das südwärts treibt, ein verkommenes Floß.

8

Doch uns erwartet stumm ein Fjord
Sehr fern von Sommer, Sonne, Strand.
Dort ist die Liebe nur ein Sport
Ein Seiltanz übern Gletscherrand.

Winterblumen blühn verborgen!
Unter'm Schnee von gestern wächst
Heute schon das Gras von morgen
Und der Gaul drauf stirbt demnächst.

Der Schnee vom letzten Winter

1

Nehmt euch nicht zu wichtig
Ihr ernsten Menschenkinder.
Allzu schnell wird null und nichtig
Der Schnee vom letzten Winter.

2

Ihr lebt nur kurz allhier auf Erden!
Daß euch das Lachen nicht vergeh
Tragt fröhlich vor eure Beschwerden
Nicht wie den letzten Winterschnee.

3

Laßt euch nicht bange machen!
Ist euer Los auch schwer
Versucht's mit einem lauten Lachen
Über'n Schnee vom letzten Winter.

4

Hilft auch das Lachen nicht mehr weiter
Wählt euch einen andern Sport.
Immer lustig, immer heiter!
Kehrt den Schnee vom letzten Winter fort.

Liebeslieder

Wahre Liebe

Ein Mädchen liebte einen Jungen
Der Junge wollte sich nicht binden.
Das Mädchen wollte nur den einen
Es mußt' sich einen andern finden.

Ein andrer liebte die Enttäuschte
Mocht' keine andre mehr anschaun.
Sie ließ den braven Jungen zappeln
Gewann so neues Selbstvertraun.

Den Braven liebte eine andre
Die er nun seinerseits verstieß,
Daß die von ihm Verlass'ne, den
Der sie grad liebte auch verließ.

Ja, wahre Liebe kennt nicht Sieger
Nur noch Verlierer baun auf sie:
Betrog'ne allesamt. Betrüger
Verlieben sich, wenn möglich, nie.

An die Realisten

O ich kenn die alte Liebe
Die euch noch im Leibe friert.
Dem der ihr den Stolz austriebe
Entblößte sie sich ungeniert.

Zieht den Berg und jene Wolke
Jede Zutat: streift sie ab!
So gefällt sie wohl dem Volke
Bringt sie euch auch eh'r ins Grab.

Glaubt ihr, ihr allein seid nüchtern
Alle andern trunken, toll?
Sagt die Wahrheit, seid nicht schüchtern
Und gesteht: auch ihr seid voll.

Voll seid ihr bis obenhin:
Nach Liebe steht, geht euch der Sinn.

Lied von der weißen Wolke

1

Auf grüner Wiese im August
Grashalm in verfaulten Zähnen
Trieb ein Sänger, traumbewußt
Grinsend zwischen morschen Kähnen.

2

Er freute schnaufend sich des Lebens
Sonne saufend, unbeschwert.
Und er träumte nicht vergebens:
Ein Gesicht hat ihn beehrt.

3

Im Himmel schwamm, weiß, eine Wolke
Ein Gesicht wie eine Frau.
So gefiel sie allem Volke
Eingerahmt von strahl'ndem Blau.

4

Da staunte mächtig unser Sänger
Stimmte an: ein Lied auf sie.
Und das Lied ward immer länger
Was die Wolke gern verzieh.

5

Er schaute tief ihr in die Augen
Wo Pupillen sich wie Boote
Schaukelnd, voll mit Blicken saugend
Trunken starben tausend Tode.

6

Und weit geöffnet war sein Schlund
Als ein Schatten sich sehr grob
Zwischen weiße Wolke und
Seine fetten Träume schob.

7

Der Schatten, spürte er sogleich
War gewiß kein leerer Wahn:
Eine Zunge warm und weich
Fuhr auf seiner Zunge Kahn.

8

Verschlungen küßten Mund und Mund sich
Bei gesenkten Augenlidern
Stund um Stunde beinah wund sich
Süße Mühen zu erwidern.

9

Nur einmal, zweimal blinzelte
Er noch hoch zur Wolke hin
Winkte mit der kleinen Zeh
Seiner Träume Nährerin.

10

Und als die Sonne untertauchte
Hinter nie geseh'nen Höh'n
Kam's, daß er ins Ohr ihr hauchte:
Frau, ich möchte mit dir gehn!

11

Der Sänger sang so schön wie nie
Und es dauerte nicht lang
Da ward ihm, er wußt nicht wie
Um sein Herz so mutig-bang.

12

Je länger er die Frau besah
Glich sie jetzt im Dämmerlicht
Jener weißen Wolke, ja
Er erkannte ihr Gesicht.

A Lover's Lament

Du Luder! Biest! Verlottertes Subjekt!
Wie hab ich unter Seufzern dich umworben.
Wärst du an meinen Lockungen verreckt!
Ich bin vor lauter Sehnsucht fast gestorben.

Jetzt weiß ich, meine Liebe war vergeblich.
Was ich dir gab, vergaltst du tausendfach
Mit Hohn und spitzer Zunge. Unerheblich
Blieb dir mein Werben: ernsthaft, daher schwach!

Du triebst ein amüsantes Spiel mit mir.
Süß schien dein Lächeln, voll antiker Klarheit.
Zur Göttin wardst du mir: halb Mensch, halb Tier!
Dafür erlitt ich bitter-böse Wahrheit.

Ich dummer Hund, was war ich plötzlich mutig
Und stieß mir nur an dir die Nase blutig.

Ballade von der Treulosigkeit

Wie einst Villon, der edle Zecher
Student, Bandit und Mörder gar
So heb auch ich den vollen Becher
Und bring euch meine Klage dar.
Zwar hab ich niemand umgebracht
Kollegien sind vor mir sicher.
Drum ist, was man mit mir gemacht
Nur um so ungeheuerlicher.
   Ja, Treue, einst dem Menschen Pflicht
   Kennt heut nur der noch, der sie bricht.

Zwei Jahre lang schlich ich ihr nach
Der heißgeliebten, süßen Braut.
Ich scheute weder Schmerz noch Schmach:
Mein Herz hab ich ihr anvertraut
Im Frühjahr. Doch schon im August
Kam (aus Amerika angeblich)
Ein Freund von ihr (ich hab's gewußt!)
Und schmälerte mein Glück erheblich.
   Ja, Treue, einst dem Menschen Pflicht
   Kennt heut nur der noch, der sie bricht.

Ich aber wollt' nicht von ihr lassen.
Sollt' ich zum Schluß den Kürzer'n ziehn?
,,Sieht sie mich auch vor Scham erblassen
Ich will nicht, wie Villon einst, fliehn!''
Den Vorsatz faßt' ich und Entschluß
Und ließ mich stolz zum Narren halten.
Wo Liebe nur noch bringt Verdruß
Muß wohl ein heißes Herz erkalten.
   Ja, Treue, einst dem Menschen Pflicht
   Kennt heut nur der noch, der sie bricht.

Am schlimmsten aber für mich war
Und was mir nicht noch mal geschieht
Ich ackerte seit Monden zwar
Doch auf verlorenem Gebiet.
Wär auf dem Teppich ich geblieben
Hätt' nicht gewohnt im Wolkenschloß
Wer weiß, sie könnte mich noch lieben
Und heut läg ich in ihrem Schoß.
 Ja, Treue, einst dem Menschen Pflicht
 Kennt heut nur der noch, der sie bricht.

Es machte sich Enttäuschung breit.
Das Land, wo Milch und Honig flossen
Schien mir in alle Ewigkeit
Fest verriegelt und verschlossen!
Ich hatte noch vom Honig kaum
Mehr als den süßen Duft genossen.
Erinnerung zerstob zu Schaum
Wie Bitternis ins Meer gegossen.
 Ja, Treue, einst dem Menschen Pflicht
 Kennt heut nur der noch, der sie bricht.

Zwar raspelte mit ihren Mund
Sie Süßholz noch und nicht zu knapp.
Das machte mich nicht mehr gesund:
Ich schnitt mir meine Haare ab
Um tiefe Trauer anzuzeigen.
Sie hat, davon ganz unberührt
Den Himmel, einst so voller Geigen
Mir heimlich, still und leis entführt.
 Ja, Treue, einst dem Menschen Pflicht
 Kennt nur der noch, der sie bricht.

Wie konnt' ich ihr Vertrauen schenken
Noch über's erste Jahr hinaus?
Ich möcht am liebsten nicht dran denken:
Ein Schauder füllt mich, kalter Graus.
Drum geb ich jedem Mann den Rat
Wenn er fast stirbt vor Leidenschaft
Entscheid er sich zur rohen Tat
Zur rechten Zeit, denn das spart Kraft.
   Ja, Treue, einst dem Menschen Pflicht
   Kennt heut nur der noch, der sie bricht.

Was war ich arglos und ein Tor:
Ich zog dem Ende, zwar mit Schrecken
Den Schrecken ohne Ende vor.
Als Freunde kamen, mich zu wecken
Aus meinem Liebesdämmerschlaf
War ich schon kurz vor dem Verrecken:
Kaum Mensch mehr, wollt' ich krankes Schaf
Im siebten Himmel mich verstecken.
   Ja, Treue, einst dem Menschen Pflicht
   Kennt heut nur der noch, der sie bricht.

Jetzt hab ich mir ein Weib genommen
Das sich in Treue zu mir stellt.
Der Nachwuchs muß in Bälde kommen
Wer hadert da noch mit der Welt?!
Ich zog in eine andre Stadt
Daß mich Erinnerung nicht quält.
Und hab ich dieses Leben satt
Heißt's frisch geschieden — neu gewählt!
   Ja, Treue, einst dem Menschen Pflicht
   Kennt heut nur der noch, der sie bricht.

Wer ist schon gut zu sich selbst

Wer ist schon gut zu sich selbst?
Wer kann schon sagen: das hab ich für mich getan!?

Selbst der gefährlichste Finanzhai
Fischt in trüben Gewässern
Gewissenhaft.

Aber was nützt ihm all seine Gerissenheit
Bei einer Frau, die er liebt?

Ohne Liebe ist er verloren
Wie die Beute, die er tagtäglich
Verschlingt.

Auch er ist nicht gut
Zu sich selbst. Von seinen Opfern
Ganz zu schweigen.

Zwei in einem Boot

1
Zwei in einem Boot
Das Boot war viel zu klein.
Zwei in einem Boot
Wollten glücklich sein.

2
Zwei in einem Boot
Kamen sich sehr nah.
Zwei in einem Boot
Kenterten beinah.

3
Zwei in einem Boot
Liebten sich zu sehr.
Zwei in einem Boot
Trieben auf's off'ne Meer.

4
Zwei in einem Boot
Kämpften um das Ruder.
Zwei in einem Boot
War'n wie Schwester und Bruder.

5
Zwei in einem Boot
Ruderten wie verruckt.
Zwei in einem Boot
Hat's weite Meer verschluckt.

Grande Finale

4. Vaknar med plågor.   1795.

Franz Moor:
ein deutscher Mann
(Kein Ammenmärchen!)

1
Im windigen Monat Oktober war's
Der Wind riß das letzte Laub von den Bäumen
Da geriet ein deutscher Mann namens Franz
Ganz wie von selbst ins Träumen.

2
Er träumte von 'nem eignen Heim
Vom eignen Haus in der windigen Eifel.
Und als das Jahr vorüber war
Da gab es für ihn keinen Zweifel.

3
Im Frühjahr 72 baute
Franz Moor (wie einst der ,,Räuber'' hieß)
Ein eignes Haus, weil er sich traute
Es nicht beim Träumen beließ.

4
Und weil er sein Heim mit 'ner Heizung versah
Da achtete er, als ein deutscher Mann
Genau auf den Ölpreis, und siehe da!
Der stieg um's Achtfache an.

5
Franz Moor von der Steuerbehörde in Aachen
(Noch immer das alte, langweilige Nest)
Beschloß, jetzt Nägel mit Köpfen zu machen.
Das gab ihm fast den Rest.

6
Franz Moor beschloß, er dacht' ans Morgen
Sich mit dem Wind, der reichlich wehte
Von nun an selber zu versorgen.
Jedoch: der Wind, der drehte.

7

Der Wind, der in Behörden blies
Ein laues Lüftchen, das er gut kannte
Sich plötzlich als ein Sturm erwies
Der gegen ihn anrannte.

8

Franz reichte einen Antrag ein
Für seine billige Windmaschine.
Doch die Beamten sagten: Nein!
Franz Moor verzog die Miene.

9

Da sprach nun alle Welt von Krise
Von Sparen, fehl'nder Energie.
Das war doch wohl kein Ammenmärchen
Der Staatsbürokratie!

10

Franz Moor, als deutscher Mann, bedacht
Sah sich noch mal sein Konto an
Wußt' gleich, wo er Verlust gemacht
Und grübelte nicht lang.

11

Die Höhe seiner Windmaschine
Erfuhr er, die sei das Problem.
Doch RWE (zet Be) bekäm die
Genehmigung bequem.

12

Ein Stromversorgungsunternehmen
Von derlei Ausmaß, egal wie's hieße
Könnt' doppelt hohe Masten baun
Eh's auf Verbote stieße.

13

Warum gab es da Unterschiede?
War'n vor'm Gesetz nicht alle gleich?
Und sein Vertrauen fiel rapide
In Staat und Obrigkeit.

14

Franz Moor bracht' einen neuen Wind
In diese Ungerechtigkeit
Die längst zum Himmel stank. Geschwind
Verging drüber die Zeit.

15

Doch schließlich über'm vielen Klagen
Fand er heraus, nach Tag und Jahr
Die großen Firmen haben das Sagen
Und auch, warum's so war:

16

Die Stadt,- sowie Gemeinderäte
Kassieren Konzessionsabgaben
Berechnet nach dem Stromverbrauch
Den die Bewohner haben.

17

Das Stichwort, schloß der deutsche Franz
In Windeseile, hieß 'Tantiemen'.
Da ließen die Gemeinden sich
Von Fränzchen nichts wegnehmen.

18

Und als Franz Moor die Haushaltspläne
In seinem Heimatort einsah
Wußt' er, der Ortschaft sind die Hähne
Zum Gelderwerb zu nah.

19

Die Ungerechtigkeit, die stank
Noch immer zum Himmel über Nordrhein-Westfalen
Jedoch gerecht verteilt, Gott sei Dank
Auf die, die sie bezahlen.

20

Drauf schrieb der Franz ein Büchlein nieder:
,,Windenergie von A-Z.''
Und im Oktober lag er wieder
Wie einst, mit Träumen im Bett.

Bevor das Frühjahr kommt ...

Der Deutschen Fleiß und Disziplin
Ist eine Mär aus alten Zeiten.
Den einen brachte sie Gewinn
Den anderen nichts als Grausamkeiten.

Wer eifrig nach der Arbeit rennt
Tut's nur aus Trägheit der Gedanken.
Weil er kein anderes Leben kennt
Bewegt er sich in alten Schranken.

Ein andres Leben fürchten alle
Ein andres Deutschland nicht minder.
Habt keine Angst, ihr sitzt schon in der Falle:
Bevor das Frühjahr kommt, ist's Winter!

Der deutsche Michel, einst belacht
Mit Schlafrock, baumelnder Zipfelmütze
Ist im Computer aufgewacht.
Vergessen sind die alten Witze:

Geblendet von der Finsternis
Der Mühsal schuf er noch im Mondenscheine.
Er schuftete und schaffte bis
Von ihm nichts blieb als modrige Gebeine.

Ein andres Leben ...

Auch Herr Direktor kann's nicht lassen:
Er scheut das Nichtstun und zwar stur.
Anstatt sich mal ein Herz zu fassen
Verteidigt er die Unnatur.

Deutschland, deine Emigranten

Vielen sind die deutschen Lande
Eng geworden, allzu eng.
Nicht nur die Familienbande
Die Gesetze war'n zu streng.

Aus den Klauen mächtiger Fürsten
Flüchteten sie über's Meer.
Jene, die nach Freiheit dürsten
Taten sich daheim oft schwer.

Vor den Kriegen, viel zu vielen
Hieß es mutig sein: Geschieden!
Und in neuen Domizilen
Hofften sie, lebt sich's in Frieden!

Deutschland, deine Emigranten
Waren nicht die schlecht'sten Söhne.
Und das keiner die verbrannten
Töchter Deutschlands mir verhöhne!

Viele flohen vor der Steuer.
War der Grund auch eher profan
Floh sich's doch mit gleichem Feuer
Gleichem Eifer und Elan.

Sei's aus Angst vor den Soldaten
Sei's aus nicht so hehren Gründen,
Viele ließ der Bürokraten-
apparat so oder so verschwinden.

Viele blieben, eh' sie schwanden
Von der Kälte nicht verschont,
Die nicht nur in deutschen Landen
Sondern auch in Herzen wohnt.

Deutschland, deine Emigranten ...

Die, die keine Arbeit fanden
Suchten sie in Übersee.
Dabei blieb in deutschen Landen
Nicht nur wer arbeitete.

Auch Verbrecher war'n darunter
Fürchteten zu Recht Bedrängnis.
Sie erwartete mitunter
Statt ein mildes Los, Gefängnis.

Bot die Heimat keine Chance,
Lockten Aufstieg und mehr Lohn
Aus dem Ausland per Annonce:
Viel war davon Illusion!

Deutschland, deine Emigranten ...

Viele flohen vor der Schande:
Konnten ihre Kinder nicht ernähr'n!
Liebten zwar die deutschen Lande
Doch nicht seine fetten Herr'n!

Viele Revolutionäre
Gingen lieber in's Exil
Als zu proben, wie es wäre
Wenn der Kopf vom Halse fiel.

Ja, die Mächtigen schmieden Pläne,
Hörn nicht den, der leise flucht.
Und sie weinen keine Träne
Um den Rest, der's Weite sucht.

Deutschland, deine Emigranten ...

Inhaltsverzeichnis

Biographische Notiz

Amme, Achim, ist geboren 1949 in Niedersachsen, aufgewachsen in Niedersachsen und in Niedersachsen zur Schule gegangen. Nach einem 1-jährigen USA-Aufenthalt studierte er in Köln (Theaterwissenschaft, Philosophie und Germanistik) und Berlin (Philosophie und Psychologie), sowie an der Max-Reinhardt-Schule (Schauspiel). Danach folgten Auftritte an verschiedenen Theatern und Bühnen im In- und Ausland. Seit 1979 wohnt Achim Amme wieder in Niedersachsen: Auf Abruf!

Sein erstes Buch „Sonette für Göttinnen" (mit Illustrationen von Klaus Jüdes und Gudrun Bartels) erschien 1978 im Verlag Bert Schlender als Band 10 der Reihe LIBRICON.

Sergel, Johan Tobias, geboren am 28. 8. 1740 in Stockholm, Maler, Zeichner und Bildhauer, zahlreiche Auslandsaufenthalte, 1779 Mitglied der Maler- und Bildhauer-Akademie in Stockholm, 1782 Ritter des Vasa-Ordens, 1808 Erhebung in den Adelsstand, enger Freund Bellmanns, Schadows u. a. ... Starb am 25. 2. 1814.

ACHIM AMME
auf Kassette
Sei leise, Du könntest den Frieden stören!

Eine Auswahl von Songs und Texten, musikalisch unterstützt durch Baß, Akkordeon u. a.

Kassette DM 20,—

— KUNSTDRUCK BARTELS —

KUNSTBLÄTTER

GRIMMS MÄRCHEN
ISBN 3-924216-07-X

7 farbige und 7 schwarz/weiße Illustrationen
bekannter alter und moderner Künstler zu den
Märchen der Brüder Grimm.
Kurzbiographien der Künstler und der Brüder
Grimm ergänzen die Bilder.

DORNRÖSCHEN
ISBN 3-924216-16-9

DIE BREMER STADTMUSIKANTEN
ISBN 3-924216-17-7

Jeweils 7 farbige und 8 schwarz/weiße Illustrationen
bekannter alter und moderner Künstler zu dem
Märchen der Brüder Grimm.
Der Märchentext, Hintergrundinformationen
zur Herkunft der Märchen und Kurzbiographien
ergänzen die Bilder.

BILDERBOGEN

DORNRÖSCHEN
SCHNEEWITTCHEN

Wiener Bilderbogen für Haus und Schule
von Heinrich Lefler.
Einzelblätter im Originalformat: 35 x 48 cm.

DIE ABENTEUER
DES FREIHERRN
VON MÜNCHHAUSEN

Münchener Bilderbogen von O. Speckter.
3 Blätter im Originalformat: 35 x 45 cm.

— KUNSTDRUCK BARTELS —
Fahrt 4, 3403 Friedland 5